Das neue Katzen Album

Herausgegeben
von Julia Bachstein

Schöffling & Co.

Für Tabby,
Verlagskatze ehrenhalber

Nachweise am Schluß des Bandes
Satz: Fotosatz Reinhard Amann, Aichstetten
Druck & Bindung: Memminger MedienCentrum
Printed in Germany
ISBN 3-89561-952-3

Ach fragt nicht nach dem Paradiese,
Ob es denn weit entlegen sei:
Es ist der Tag, der Wind, die Wiese,
Und wenn ihr wollt, ihr seid dabei!

Oskar Loerke

Hiddigeigi hält durch strengen
Wandel rein sich das Gewissen,
Doch er drückt ein Auge zu, wenn
Sich Nebenkatzen küssen.

Joseph Viktor von Scheffel

Als der Kühlschrank seinen Widerstand aufgab und Klick machte, klang es wie das »Sesam öffne dich« im Märchen aus Tausendundeiner Nacht.

Jill Steinberg

Nachdem sie sich überall gewaschen hatte, richtete sie sich auf und beobachtete ihn aus engen glimmenden Augen reglos. Sie hatte dreiundzwanzig Barthaare. *Und das schreiben Sie so zu Ihrem Spaß? sagte sie. Irgendwie leben muß einer, jedermann ist der Beste, schto lutsche tschewo. Hätten Sie nicht vielleicht ein bißchen Milch…? sehen Sie mal wie mein Bart zittert.*

Uwe Johnson

Doch dann rollt er sich ein, deckt mit einem Hinterbein das andere zu, bettet die Vorderpfoten an die Brust, legt Schultern und Kopf darüber und ist wieder nur ein schwarzes Tier.

Hugo Loetscher

Die Katze lag

auf meinen Kleidern
auf dem Tisch. Sie lag
sehr gerne auf Kleidern,
auch Perle und Tiger hatten
das immer getan. Wenn ich etwas
sagte, fing sie an zu schnurren, manchmal
genügte schon mein Blick, um sie dazu zu bringen.

Marlen Haushofer

Und jetzt, Mieze, wollen wir einmal überlegen, wer eigentlich das Ganze geträumt hat. Ich meine es ernst damit, hörst du, und du sollst dir dabei nicht immer weiter die Pfote lecken – als ob Suse dich nicht schon heute früh gewaschen hätte! Denn siehst du, Mieze, einer muß es ja gewesen sein, entweder ich oder der Schwarze König.

Lewis Carroll

**Wer die Katze ins Wasser trägt,
der trägt sein Glück aus dem Hause.**

Katzen sehen manchmal so aus,
als gäbe es etwas,
das sie sagen können.
Und dann sagen sie es nicht.

Dawn Powell

KATZEN

sind offenbar grundsätzlich der Meinung, es könne nicht schaden, laut und deutlich zu sagen, was man haben will.

John Wood Krutch

Wenn es ihr soviel Vergnügen macht, im Karteikasten ihre Tage zu verbringen, soll sie doch. Es ist keine derartig große Anschaffung, hin und wieder einen neuen zu kaufen.

Julia Bachstein

Alle Hunde sehen zu dir auf. Alle Katzen gucken auf dich herab. Nur ein Schwein blickt dir ins Auge und erkennt dich als ebenbürtig.

Winston Churchill

Abuherriras Katze hier

Knurrt um den Herrn

und schmeichelt:

Denn immer ist's ein

heilig Tier,

Das der Prophet

gestreichelt.

Johann Wolfgang von Goethe

»Das ist es, was ich an England liebe: Noch auf dem bescheidensten Feldweg werden die Motorisierten darauf hingewiesen, daß grundsätzlich jede Katze Vorfahrt hat.«

Lady Ottoline Sager O.B.E.

Dein Anzug, elegant im Schnitte,
War blaugrau, mit Geschmack verziert,
Brust, Pfötchen, Antlitz bis zur Mitte
Mit Weiß symmetrisch dekoriert.

Doch was ist Schmuck? Die eignen Formen
Kann aller Aufputz nur erhöhn;
Gebildet wie nach griech'schen Normen –
Ich darf es sagen, du warst schön.

Friedrich Theodor Vischer

Kein zweites Tier
wird so geliebt;
Wo längst
verschwunden
Ratz und Maus,
Hält Pietät
die Katz
im Haus
Und alle Welt
umschmeichelt sie
Und füttert sie
und streichelt sie.
Eugen Roth

Jeder, der eine Weile mit
einer Katze zusammengelebt hat,

weiß, daß sie unendlich viel Geduld mit den Grenzen des menschlichen Verstands haben.

Cleveland Amory

Wenn man so beim Fische-Essen
Beispielsweise Felchen sitzt,
Kann man dessen nie vergessen,
Der hernach die Köpfe frißt.

Hermann Hesse

Komm, meine schöne Katze, an mein verliebtes Herz;
zieh nur die Krallen deiner Tatze ein und laß mich
tief in deine schönen Augen tauchen, in deren Glanz
Metall sich und Achat vermischen.

Charles Baudelaire

Katzen sind unkomplizierte Wesen. Wenn wir essen wollen, essen wir; wollen wir schlafen, schlafen wir; sind wir wütend, sind wir aus ganzem Herzen wütend; weinen wir, weinen wir uns die Seele aus dem Leib. Und vor allen Dingen beschäftigen wir uns nicht mit etwas derart Nutzlosem wie einem Tagebuch. Wir führen kein Tagebuch, weil das überflüssig ist. [...] Wenn ich die Zeit hätte, ein Tagebuch zu führen, dann würde ich genau diese Zeit nutzen, um auf der Veranda zu schlafen. Mehr ist dazu nicht zu sagen.

Natsume Soseki

Reinlichkeit, Gefühl, Langmut, Würde und Tapferkeit zeichnen die Katze aus. Wer von uns, frage ich Sie, könnte unter diesen Bedingungen Katze werden?

Fernand Méry

Wenn du das Glück hast, bei einem Schriftsteller zu wohnen, darfst du auf die amüsantesten Stunden zählen, wenn du seine Anstrengungen behinderst: Er oder sie werden dir sehr dankbar sein, denn alle Schriftsteller, von denen ich gehört habe, begrüßen freudig die durchsichtigste Ausrede dafür, um nicht zu schreiben.

Paul Gallico

Wo immer sich eine Katze niederläßt,

wird sich das Glück einfinden.

Stanley Spencer

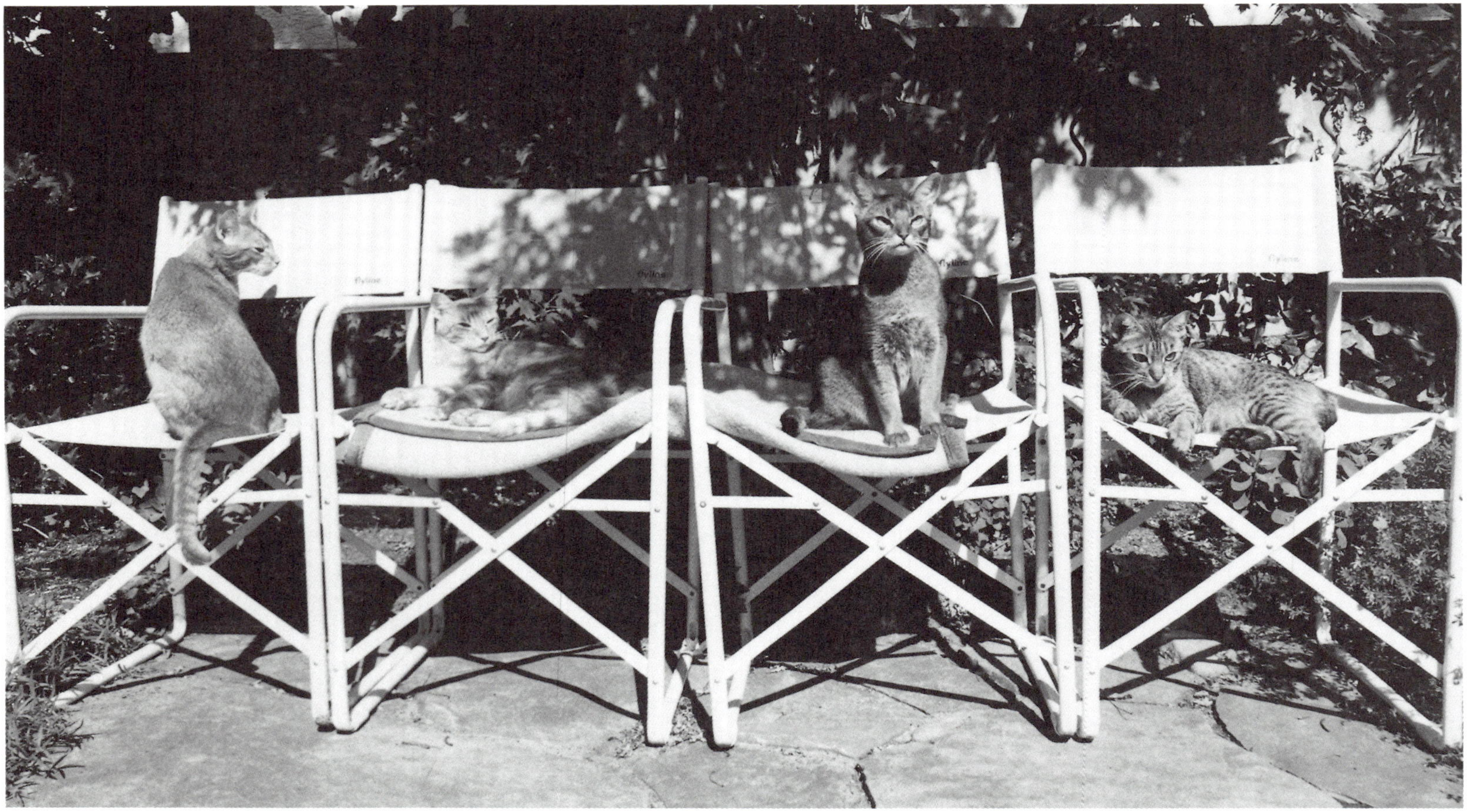

Wenn die Hunde gegangen sind, so haben vier stille Katzen nur auf diesen Augenblick gewartet. Sie sitzen erst eine ganze Weile – ungefähr so, als ob **die Diplomaten der europäischen Staaten um ein neues Balkanproblem herumsitzen und warten, wer zuerst herangehen möchte.**

Victor Auburtin

Katzenfutter aus der Dose wollte sie nicht fressen. Wir einigten uns auf gehacktes Rindfleisch. Sie war in bezug auf Futter immer so heikel wie ein unverheirateter Gourmet.

Doris Lessing

Belaud, mein kleines graues Kätzchen,
Du mein geliebtes niedlich's Schätzchen!
Er war das schönste Exemplar
Von seinesgleichen großer Schar.
Die andern sind vor ihm nur Schatten;
Er war Belaud, der Tod der Ratten.
Die schönste Katze weit und breit
Und würdig der Unsterblichkeit.

Joachim Du Bellay

Bald bemerkten die anderen Tiere, daß die Katze, wann immer etwas Arbeit anfiel, unauffindbar war. Stundenlang verschwand sie spurlos, erschien dann aber zu den Mahlzeiten oder wenn die Arbeit getan war, so als sei nichts geschehen. Doch sie hatte immer vorzügliche Entschuldigungen und schnurrte so herzlich, daß es unmöglich war, an ihren guten Vorsätzen zu zweifeln.

George Orwell

Wir stören einander nicht, das ist die Grundregel. Sie wird besser eingehalten als alle Friedensverträge und ist unverletzlicher als alle unter jovialem Zwang beschworenen Grenzen. Die Präambel eben ist, daß Liebe in uns sei.

Emil Belzner

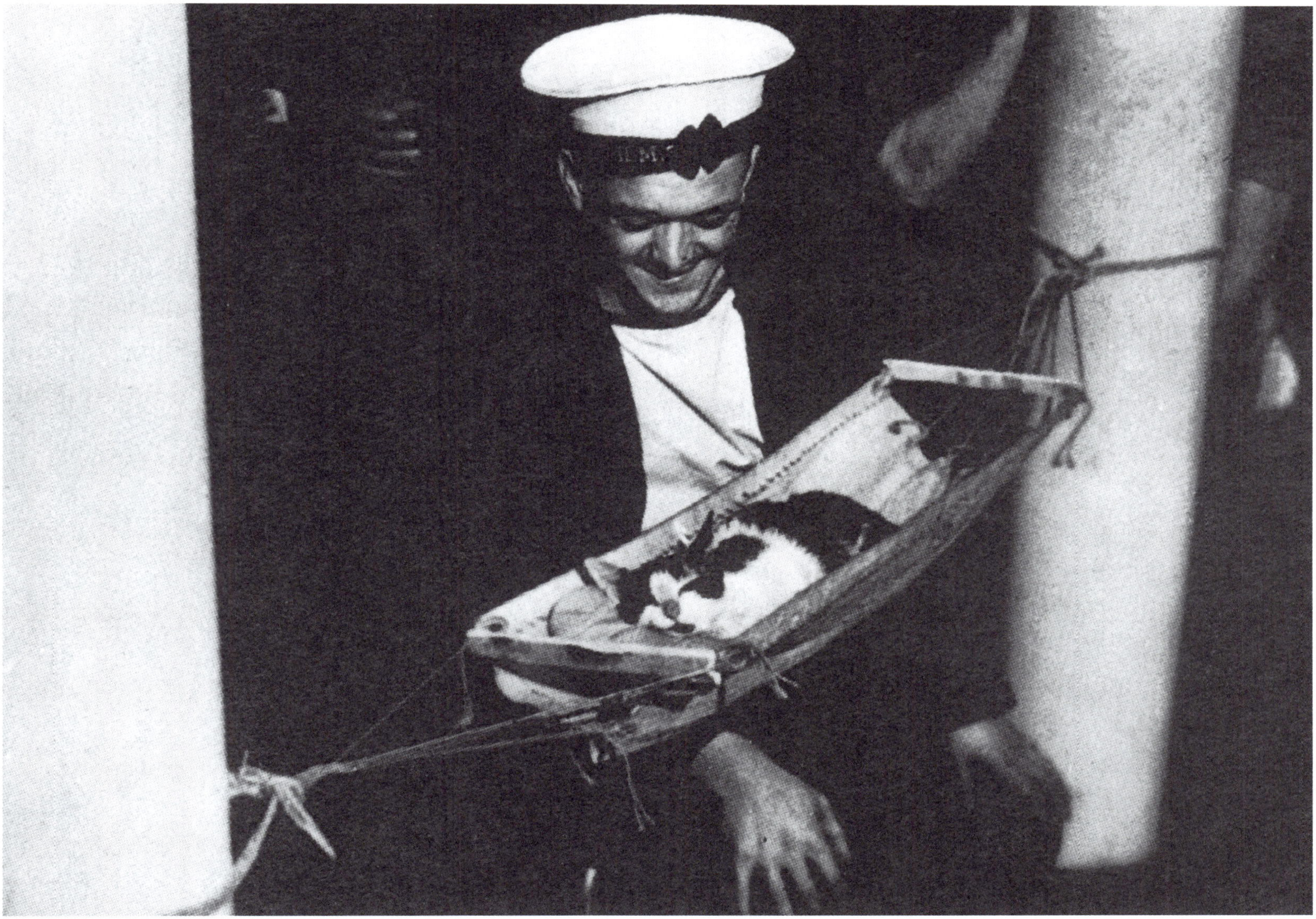

Im Katzenbuch des Britischen Museums ist zu lesen, daß Katzen auf allen Meeren heimisch sind. Von den Seeleuten werden sie respektiert, weil sie Ratten und Mäuse erledigen, außerdem bringen Katzen dem Schiff Glück. Die Katze der HMS Hermione verfügte sogar über eine eigene Hängematte.

Und die Angoraner haben Charakter. Sie lassen sich nicht streicheln und murren beleidigt, wenn man sie anredet. Mit ihnen kann man keinen Unsinn machen. Donnerwetter – da sträuben sie den buschigen Schwanz, daß einem graust. Ein haariger Stolz, den diese Tiere besitzen.

Georg Kaiser

Mit allem spielt sie; mit allem, was beweglich ist, führt sie Krieg, an allem nimmt sie Anteil und erobert eine große, reiche Merkwelt.
Theodor Lessing

SCHON DIE KLEINSTE KATZE

IST EIN MEISTERWERK.

LEONARDO DA VINCI

Meine Katze hat einen Schnurrbart und ist eine Frau. Ihr kleiner Kopf paßt nicht zu ihrem Wanst. Ich würde mich dennoch für sie entscheiden, wenn ich ein Kater wär. Sie fürchtet weder Tod noch Teufel, beide sind ihr unbekannt, nur vor dem Staubsauger hat sie Respekt; der faucht lauter als sie. Sie hat sieben Morde auf dem Gewissen. Trotzdem schläft sie gut. *Günter Eichberger*

ich war oft genug in

HANNOVER.

Arno Schmidt

SIE LEBT VON UNSERER RENTE, ABER MIT DEM UNGEBÄNDIGTEM SINN DES ABENTEURERS.

EMILIO CECCHI

Die Zuversicht der Leidenschaft ist groß,
aber wir sehen sie doch gar oft an dem ihr
entgegenstehenden Wirklichen scheitern.

Johann Wolfgang von Goethe

DIE MÄUSE SIND FÜR DIE ARMEN KATZEN GEMACHT, DIE KEINE ANDERE NAHRUNG HABEN. ICH HABE HIER MEHR ALS GENUG ZU ESSEN. SELBST GÖTTER MÜSSEN LERNEN, SICH ZURÜCKZUHALTEN.

ROBERT CROTTET

Und obwohl sie alle möglichen erstaunlichen Dinge tun können, wie etwa sich in dem denkbar kleinsten Raum zu verstecken und es ablehnen sich finden zu lassen, gleichgültig, was man mit ihnen vorhat und wie spät man auch dran ist – sie können keine Autobiographien schreiben.

Peter Gethers

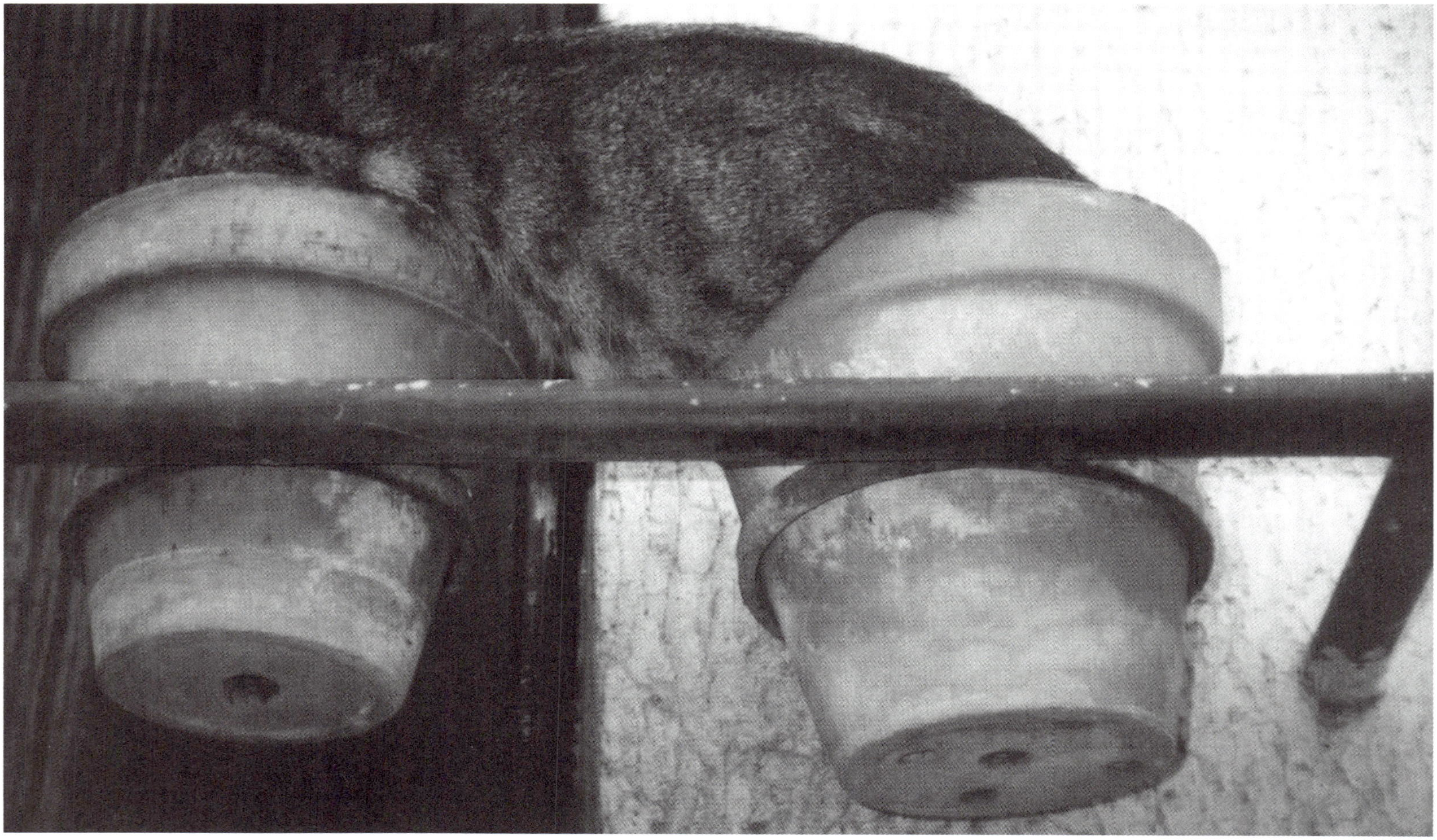

Ganz unberührt von

Lob und Tadel,

Setzt sie sich durch

als **alter Adel**,

man muß sie nehmen,

wie sie ist,

Und ihr noch danken,

wenn sie frißt.

Eugen Roth

Das Kätzchen hat einen harten, schmiegsamen Körper, aber ist doch zugleich feurig und fest. Ich glaube, daß alle pflanzenfressenden Geschöpfe minder grausam sind; aber keines von ihnen, nicht Kuh, Pferd, Schaf oder Esel, besitzt eine solche blumenhafte Doofheit und Dumpfheit wie das Kaninchen und lebt in solcher Beschlossenheit voll Enge und Angst.

Theodor Lessing

EIN HEIM OHNE KATZE, OHNE EINE GUT-GENÄHRTE, OFT GESTREICHELTE KATZE, MAG VIELLEICHT EIN PERFEKTES HEIM SEIN. ABER WIE WOLLTE ES DAS SCHON BEWEISEN?

Die Liebe zu ihrer Bekleidung

ist bei diesem attraktiven Tier sehr ausgeprägt. Es ist stolz auf den Glanz seines Anzugs und kann es nicht ertragen, wenn auch nur ein Haar nicht an der richtigen Stelle liegt.

Jules Fleury-Husson

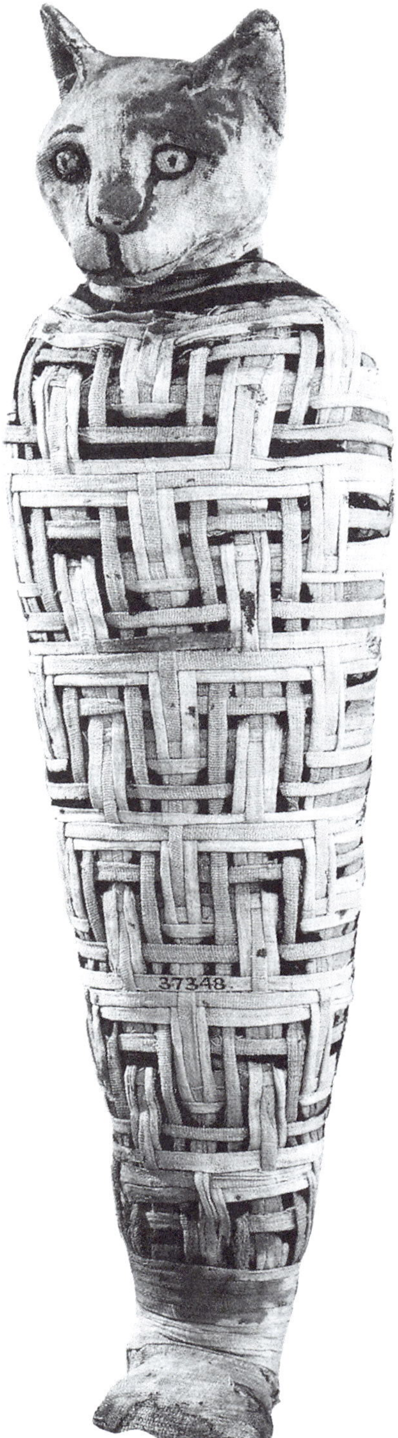

Hey, rief ich, als er wiederkam und
ein halbes Pfund Rosinenbrot
abschleppte (das einzig greifbare
Paket); hey, im britischen
Museum in London, ägyptische
Abteilung, kenne ich eine
Menge Katzen, die sind gewickelt
durch und durch, quer und längs,
das mache ich mit Dir, wenn Du
nicht... und das hätte ich nicht
sagen sollen... wenn ich nicht
Sohn der Göttin Bast wäre, sagte
sein Blick.

Claus Heinrich Meyer

Doch, das Ungewöhnliche

an jeder Katze ist die Wirkung,
die sie auf ihren Besitzer hat.

Peter Gethers

Katzen lehren uns, daß nicht alles in der Natur eine Aufgabe hat.

Garrison Keillor

Mit leisen Lauertatzen
schleicht rasendicht
die jüngste unsrer Katzen
zum Epheu, wo die Spatzen
bereits geschäftig schwatzen,
und spielt blutdürstigen Mord;
vergißt nach kurzer Weile
ihr finstres Unterfangen,
fühlt sanfteres Verlangen
und läuft mit jäher Eile,
husch, vor sich selber fort.

Peter Gan

Der Kater erlaubte keinerlei Einmischung und hatte auch keinen Rivalen. Er tat grundsätzlich nur, was er wollte. Er gehörte zu den wenigen, für die das Beste ein Vorrecht von Geburt an ist.

Caroline Marriage

Unverwundenes

Sie wird alt

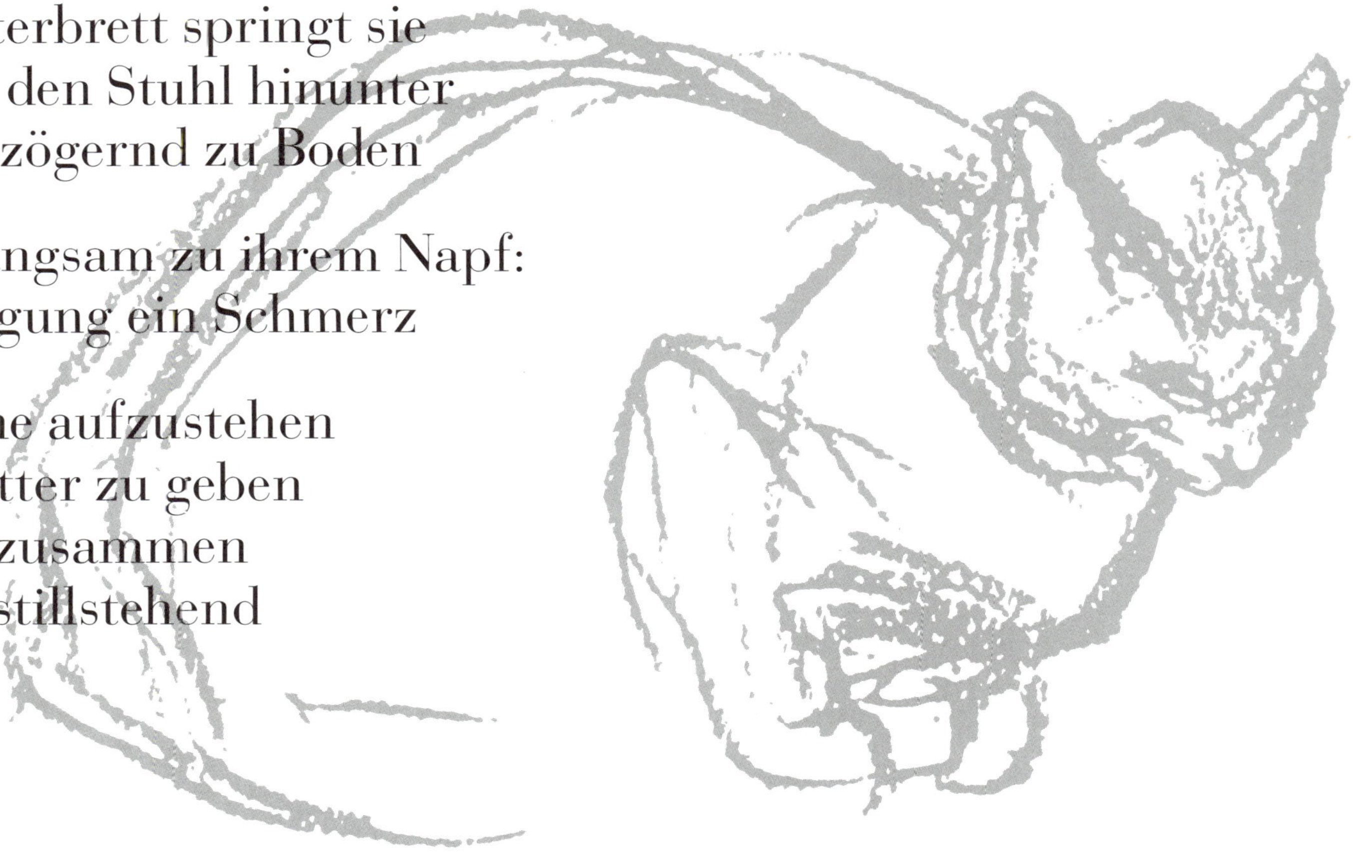

In Katzenjahren gerechnet
ist sie nicht viel älter als ich
Sie bewegt sich vorsichtig:
Vom Fensterbrett springt sie
zuerst auf den Stuhl hinunter
und dann zögernd zu Boden

Sie geht langsam zu ihrem Napf:
Jede Bewegung ein Schmerz

Ich beginne aufzustehen
um ihr Futter zu geben
Ich zucke zusammen
und muß stillstehend
einatmen
ausatmen

Richtig:
Jede Bewegung ein Schmerz

Erich Fried

Der Kater, ein Selbstgespräch

Wie? Mäusefangen? Nicht die Spur!
Bloß Gabelfrühstück und l'amour...

Was? Romeo und Vaterpflichten?
Familienglück? - Ich kann verzichten!

- Kater werden ist nicht schwer,
Kater sein dagegen sehr.

Mascha Kaléko

Von Katzen versteht niemand etwas, der
nicht selbst eine Katze ist.
Natsume Soseki

Was soll das heißen – was ich
den ganzen Tag mache?
Ich mache nichts.
Und jetzt lassen Sie mich in Ruhe.
Ich muß nachdenken.
Es geht Sie überhaupt nichts an,
worüber ich nachdenke.
Sie wären ja doch beleidigt.
Karlheinz Dreyer

Luzie=Lied

Du Kuschel, du Wuschel,
du Schnurrpurrmuschel.
Du graues Getier,
du Flüchtemir,
du Grantebein
und Fauchezahn
und Urmelmurmeldu.
Du Blinkeaug
und Hinkemaunz
und Luschenbusch.
Du Lümmellommellusch.
Du Biest, du Mies,
du Gähnmichnies
und Zähmmichnie.
Du Blasebalg,
du Fiesemöpp,
du Ungetümgehusch.
Wie wird mir nur,
ich find dich nicht,
du Liebemiezekleingedings.
Ich werd dich links!
Meine Muckelbuckelmuhle.
Und Windeschlauch
und Räkelbauch.
Haarverruchte
Faulemaule.
Hingereckte, stets geleckte
Schwarzgrauflauscheluzie.

Uwe Kolbe

Die Katze
ist das Tier,
zu dem sich
Göttinnen,
Dichter,
Maler,
Hexen,
Zauberer
und Kinder
fasziniert
niederbeugen.

Eugen Skasa-Weiß

FRED UND PENELOPE FIEL IMMER WIEDER ETWAS NEUES EIN, UM DEN WEG ZUR BIBLIOTHEK INTERESSANTER ZU GESTALTEN.

RUPERT FAWCETT

Man muß Katzen nicht beibringen, wie man es sich gemütlich macht, in dieser Hinsicht sind sie von unerschöpflichem Erfindungsgeist.

James Mason

Nun ja, fassen wir uns in Geduld!

Die Zeit der Katzen wird kommen!

Natsume Soseki

Findet man mich aber freudig bei der Arbeit, unermüdet in meiner Pflicht,

dann kann ich die Blicke eines jeden aushalten…

Johann Wolfgang von Goethe

Die Katzen sind Katzen, kurz gesagt, und ihre Welt ist

die Welt der Katzen, von einem Ende zum andern.

Rainer Maria Rilke

Es fliegt nur der, der sich zu fliegen traut.

Luis Sepúlveda

Wie es war, war es vollkommen,
gab vieles, verlangte nichts.
Und in den Gesichtern
der Menschen,
ihm zugewandt,
verdämmerte die Bosheit.

Alfred Polgar

*Nur hoch hinaus! Und
Mut / Und Sprung!
Schon morgen sind wir
nicht mehr jung.
Und wer nix wagt,
gewinnt auch nix,*

*drum ran ans Seil,
beherzt und fix.
Da kann ich sausen, fliegen,
schweben –
Was für ein Leben!*

Elke Heidenreich

Wenn Katzen ein Haus bewohnen, dann ganz und gar. Ihre Fähigkeit, alles, was sie begehren, als ihnen gebührend zu betrachten, ist schier grenzenlos. Sie tun das mit solch einer Überzeugungskraft, daß sich menschliche Abwehr rasch in sprachlose Unterordnung wandelt. Es gibt zwar keinen Grund…, daß ich bewegungslos in meinem Bett liege, weil eine Katze mitten auf meinem Bauch schläft, was sehr warm ist, sehr schwer und sehr unbequem. Ein Katzenfreund weiß aber, daß er für das Hinwegsetzen über kätzlichen Willen einen vernichtenden Blick aus schmalen Augen erntet. Darin liegt grenzenloses Erstaunen, Verletztheit und schweigende Verurteilung, die nur durch unzählige Entschuldigungen gutgemacht werden können.
Kein Tier vermag so sichtbar beleidigt zu sein wie eine Katze.

Charlotte Link

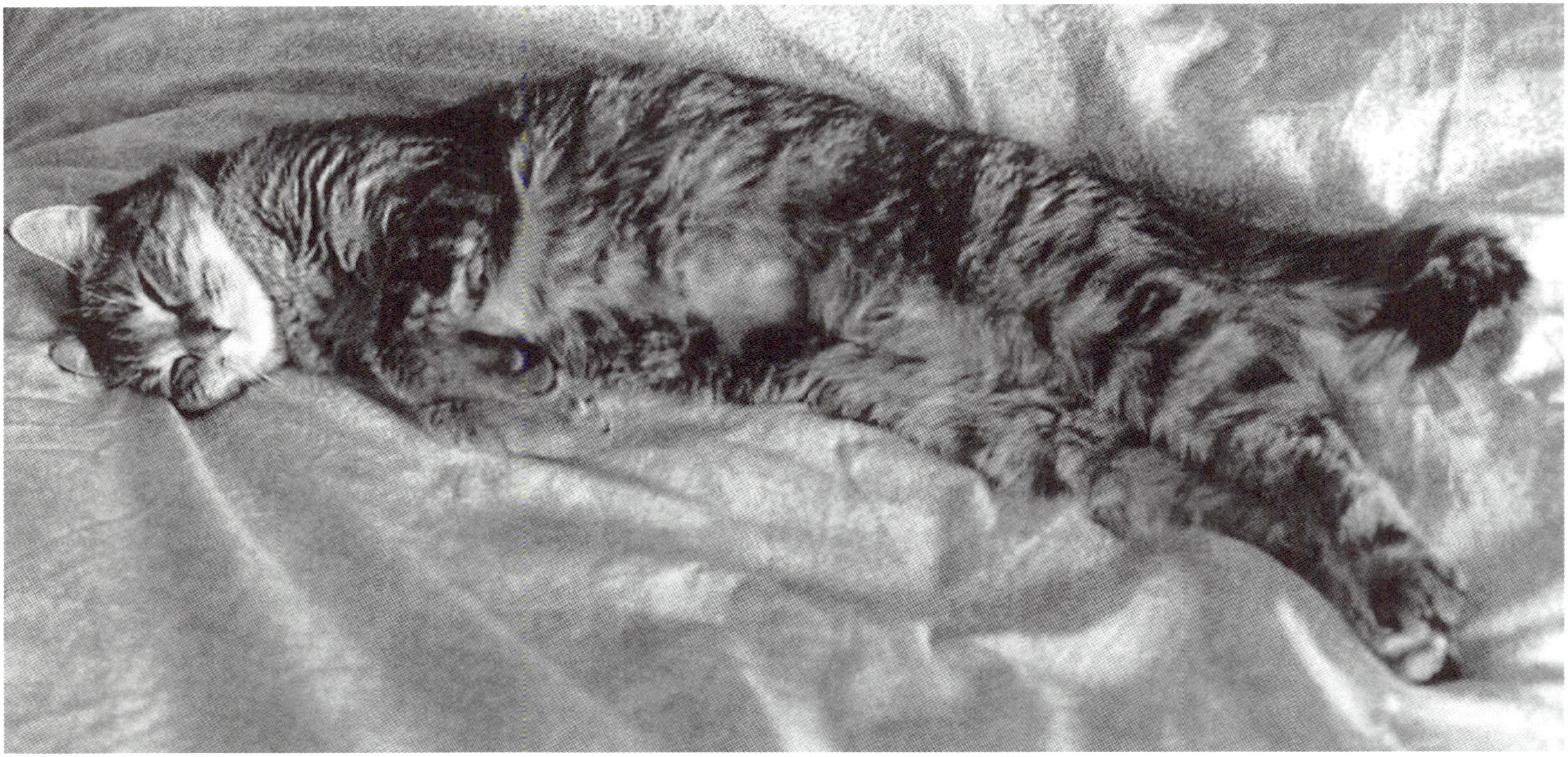

Sie ist klein,
verletzlich
und wundervoll
im Arm zu halten –

wenn sie einen läßt.

Peter Gethers

Die meisten Katzen
möchten nach
Drinnen, wenn sie
Draußen sind,
und vice versa,
und meistens beides
gleichzeitig.

Louis Camuti

Geradezu instinktiv beherrschen Katzen die Grundregel:

Bei **Übergewicht** stets die vorteilhafteste Pose einnehmen.

John Weitz

Der Kater ist tatsächlich eine solche Persönlichkeit geworden, als könnte er sprechen. Ich glaube, er spricht tatsächlich, und wenn er schweigt, will er uns nur auf die Folter spannen, bevor er anfängt. Das Bezaubernste an ihm ist, wie er die Geige spielt, mit

Wollfäden als Saiten, oder wenn er auf dem Klavier sitzt und Nelly Bly spielt. Aber sein volles, komplettes kleines Leben Seite an Seite mit dem unsern und mit seiner Freundin Isabel – das sollte man erzählen können. Ich werde es aber nie tun.

Katherine Mansfield

Das Schlimme an ihr ist: Wenn sie etwas will, muß ich sofort zur Stelle sein und ihr jeden Wunsch von den Augen ablesen;

will ich einmal etwas, reagiert sie überhaupt nicht. Und auf die Dauer trübt das natürlich unser Verhältnis.

Werner Koch

Fahrt fort uns zu lieben, ihr Dichter! Wir werden weiter die stillen Zeugen eurer tragischen Kämpfe mit den Göttern sein, bei denen ihr stets die Unterlegenen seid. Was macht das aus – wir finden Gefallen an euren Leidenschaften. Und ob sie aufrichtig oder falsch sind – wir schlafen nicht weniger friedlich.

Robert Crottet

Wer die Katze gut pflegt,

der hat eine gute Ehe.

Volksmund

Die Katze schläft viel. Sie weiß etwas mit ihrem Leben anzufangen.

Günter Eichberger

Ich bin die Katze, und ich gehe nur allein für mich, und jeder Ort ist für mich wie der andere. Ich gehe nicht mit.
Rudyard Kipling

Lorus, im Verlaufe
seines Strebens, trifft den ersten Kater
seines Lebens.

Dieser krümmt,
traditionellerweis, seinen Rücken
fürchterlich zum Kreis.

Loris spricht
mit unerschrockner Zärte:
»Pax vobiscum, freundlicher Gefährte!«

Christian Morgenstern

Mozzarellas Vorschläge

Ich bin der Kater Mozzarella
Zum Mausen geh' ich in den Keller
Für die Vögelchen steig' ich aufs Dach –
Machs mir nach!

Ich liebe Pudding und Sardellen
Weiche nur Tieren aus, die bellen
Bin ich verknallt, kreisch ich fürchterlich
Machs wie ich!

Im Sommer lese ich gern Gedichte
Und die ein oder andere Mäusegeschichte
Liege im Gras, trinke Wein und rauch' –
Mach das doch auch!

Eva Demski

Die Katze spielt oft mit den
Vorderfüßen oder dem
Rüssel ihres Gefährten,
bis sich Hunde nähern,
dann begibt sie sich
nach oben in
Sicherheit.

Mark Twain

Und ich möchte persönlich hinzufügen: wenn jene Lehre von der Seelenwanderung recht hat, so möchte ich nach meinem gottgefälligen Tode Katze bei einem Pariser Antiquar werden auf dem linken Seineufer in Paris. Es muß die Summe aller möglichen Freuden sein, den ganzen Tag auf dem Montaigne zu sitzen, ohne gezwungen zu sein, ihn zu lesen.

Victor Auburtin

Alle Katzen sind verrückt danach, in die wohligen Gehäuse offener Schachteln, Koffer, Kistchen und Körbe zu schlüpfen.

Das sind unübertreffliche Modelle der Urhöhle, in denen sich's herrlich kuschelt und räkelt.

Eugen Skasa-Weiß

Katzen geraten sehr leicht in Panik;

jedes raschelnde Papier, jede jähe Bewegung kann sie völlig kopflos machen. Es gibt nur etwas, was in ihnen noch stärker ist als Mißtrauen und Vorsicht, und das ist die Neugierde.

Marlen Haushofer

Dort liegt sie zusammengerollt wie ein Ammonshorn, sorglos, vertrauensvoll, als schütze der Schlaf sie vor feindlichem Überfall.

(Vielleicht respektieren die Tiere gegenseitig den Schlaf und tun Schlafenden nichts?)

Ernst Penzoldt

Von seinem ganzen Wesen her, liebt dieses Tier den Ort, wo es aufgewachsen ist; an keinem fremden Ort wird es bleiben, auch wenn man es weit fortgebracht hat. Im Gegensatz zum Hund, der mit seinem Herrn überall hingeht, würde die Katze niemals ihre Umgebung aus Liebe zu einem Menschen aufgeben. Und selbst wenn ihr Mensch sein Haus aufgibt, möchte die Katze ihn nicht begleiten. Und selbst wenn man sie in Körben oder Säcken davonträgt, wird sie zurückkommen oder sich verirren.

Edward Topsell

1607

Nur Augen und Ohren des Katers lugten über Chief Superintendent Racers Schreibtischplatte, letztere wie immer ein schlagender Beweis dafür, daß hier nicht gearbeitet wurde.

Schon ehe ich anfing, Romane zu schreiben, besaß ich einen Kater. Und ihm verdanke ich eigentlich auch den Anstoß zu meiner schriftstellerischen Tätigkeit. Wenn ich nämlich abends in meiner gemütlichen Wohnung saß, umspielte, umschmeichelte und umschnurrte mich mein Felix, und ich sagte mir: eigentlich fehlt nur noch ein Courths-Mahlerscher Roman dazu, um dich glücklich und zufrieden mit Gott und der Welt zu machen! Sehen Sie, deshalb habe ich meine ersten Romane geschrieben, nicht aber um Geld zu verdienen, wie die Lästermäuler wollen.

Hedwig Courths-Mahler

Merke: Geschlossene Zimmertüren

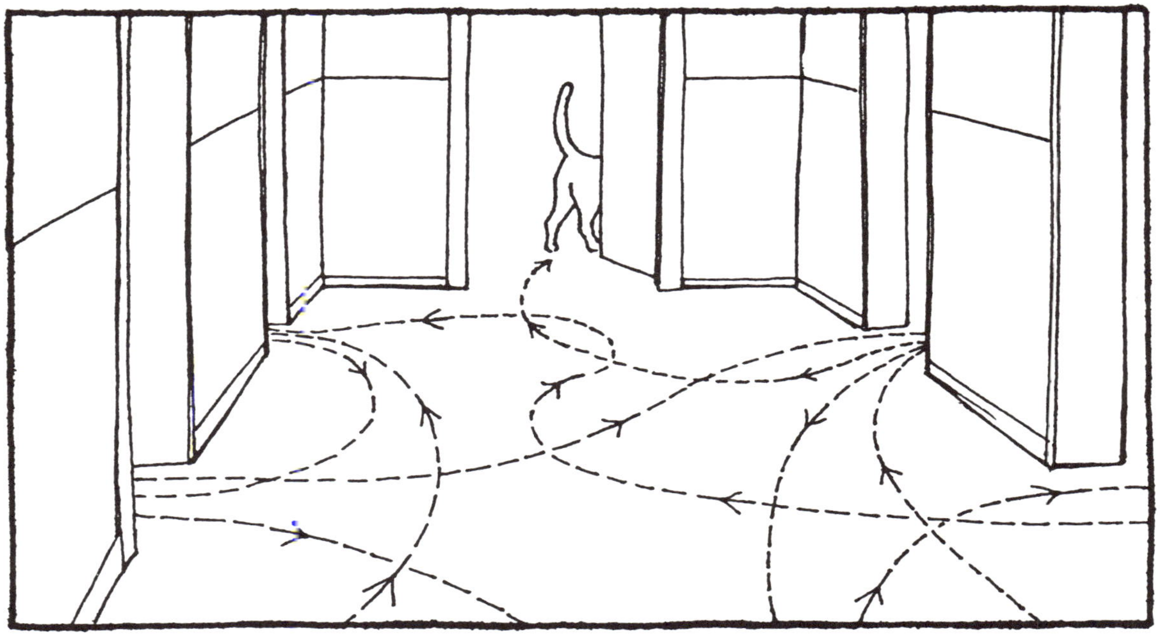

sind für Katzen eine unzumutbare Beeinträchtigung des Lebenskomforts. Im Zweifelsfall befindet sich in dem gerade unzugänglichen Raum ein immens wichtiger vorläufig ständiger Platz.

Werner Fuld

So glich er, rund wie eine Tonne,
Dem schönsten Doktor der Sorbonne!
Dann wiederum, wenn man ihn reizte,
Zum Fechtkampf er die Pfoten spreizte –
Doch schwand die Kampfeslust auf einmal;
Sobald er roch sein Mittagsmahl.

Joachim Du Bellay

... jede Katze pflegt sich,
selbst wenn sie gammelt,
keine Katze mißachtet die gute Form.
Einige herumfliegende Haare deuten
darauf, daß Katzen für Allergiker
kein geeigneter Umgang sind.
Aber diese Schwierigkeit teilen
sie mit Gartenerdbeeren
und Primeln.

Eugen Skasa-Weiß

Wie Kinder

existieren Katzen auf einer anderen und wahrscheinlich höheren Ebene als wir, aber wie bei Kindern erklärt sich ihr Wesen zumindest teilweise aus ihrem Verhältnis zu ihren Eltern.

Peter Gethers

Das getigerte Weibchen kam allein,

bezauberte den Schreibenden, wie sie's tun, seit die Alten den Papyrus mit Zeichen bedeckten. Ich wies auf das Mäuslein des Computers, aber Katz ist altmodisch von Grund auf, sann ich leise gerührt.

Claus Heinrich Meyer

Gewöhnliche Katzen gibt es nicht!

Colette

Für die Katze ist es wichtig zu wissen, wann der Schnee im Frühjahr schmilzt, denn sie möchte weder verhungern noch erfrieren, und die Erklärung, hinterm Ofen oder auf dem Heuboden sei es doch schön warm, kann sie nur als Gerede abtun; sie möchte keine Erklärungen, sie möchte überwintern und leben, und darin gebe ich ihr auch recht.

Werner Koch

Und
Tschüß!

Cover-Photo: Wolfgang Lauter

Oskar Loerke aus: Wächterin am Tierparadies Renée Sintenis. In: Gedichte und Prosa. Zweiter Band. Herausgegeben von Peter Suhrkamp. © Suhrkamp Verlag Frankfurt am Main 1958
Photo: Wolfgang Lauter

Joseph Viktor von Scheffel aus: Der Trompeter von Säkkingen.
Photo: Tilo Rausch

Jill Steinberg aus: Die Kühlschrank-Fehde. In: Katzenpfötchen. © 1991 by Ursula Rielau
Photo: Rüdiger Poborsky

Uwe Johnson aus: Mutmassungen über Jakob.
© Suhrkamp Verlag Frankfurt am Main 1959
Photo: Uwe Hedeler

Hugo Loetscher aus: Die Fliege und die Suppe – und 33 andere Tiere in 33 anderen Situationen. © Diogenes Verlag, Zürich 1989.
Photo: Sabine Weiss

Marlen Haushofer aus: Die Wand
© 1968 Claassen Verlag, Hamburg/Düsseldorf (jetzt München)
Photo: Tilo Rausch

Lewis Carroll aus: Alice im Wunderland. Ü: Christian Enzenzberger
© Insel Verlag Frankfurt am Main 1963
Photo: Monika Bernhardt

Sprichwort
Photo: Wolfgang Lauter

Dawn Powell, Diaries
Photo: Media srl

© John Wood Krutch
Photo: Tilo Rausch

© Julia Bachstein
Photo: Gisela von Reppert-Bismarck: Katze Pünktchen

Winston Churchill
Photo: Heiko Neubert

Johann Wolfgang von Goethe aus: West-östlicher Divan. In: Goethes Werke Band II. Gedichte und Epen II. Textkritisch durchgesehen und kommentiert von Erich Trunz. Verlag C.H.Beck München
Photo: Stefan Moses

© Lady Ottoline Sager O.B.E.
Photo: Peter Sager

Friedrich Theodor Vischer aus: Mein Kätzlein. In: Dichterische Werke. Dritter Band. © Verlag der weißen Bücher, Leipzig 1917
Photo: Annegret Schackmann

Eugen Roth aus: Die Katze. Aus: Sämtliche Werke. Bd 3: Verserzählungen. München/Wien: Hanser, 1977. Mit Genehmigung von Thomas Roth, München
Photo: Heiko Neubert

Cleveland Amory, The Quotable Feline
Photo: Edith von Welser-Ude

Hermann Hesse aus: Scherzgedicht. In: Hermann Hesse. Sein Leben und Werk in Bildern und Texten. Herausgegeben von Volker Michels. Vorwort von Hans Mayer. © Suhrkamp Verlag Frankfurt am Main 1979
Photo von Martin Hesse: Hermann Hesse mit Porphy.
Abdruck mit freundlicher Genehmigung des Suhrkamp Verlages, Frankfurt am Main

Charles Baudelaire aus: Die Blumen des Bösen. Deutsch von Friedhelm Kempf.
Photo: Peter Andreas

Natsume Soseki aus: Ich der Kater. Ü: Otto Putz
© Insel Verlag Frankfurt am Main 1996
Photo: Rüdiger Poborsky

Fernand Méry
Photo: Marion Schweitzer

Paul Gallico aus: Miau sagt mehr als tausend Worte. Aus dem Engl. v. Marta Jacober-Züllig. Müller-Rüschlikon Verlags AG, Cham, 1981. © Gillon Aitken Press, London
Photos: Uta Klein

© Stanley Spencer
Photo: Edith von Welser-Ude

Victor Auburtin aus: Herr Brie. Geschichten von Katzen und anderen.
© 1998 by Das Arsenal Berlin
Photo: Anne Schnitzke

Doris Lessing. Doris Lessings Katzenbuch. Aus dem Engl. von Ursula von Wiese. © 1967 by Doris Lessing Productions Ltd. Klett-Cotta, Stuttgart, 1981, 6. Aufl. 1991
Photo: Rotraut Schnabbe

Joachim Du Bellay aus: Epitaph einer Katze. Deutsch von Jürgen Link.
Photo: Peter Andreas

George Orwell aus: Die Farm der Tiere. Deutsch von J. B. Gesamtwerk George Orwell © Diogenes Verlag, Zürich
Photo: Tilo Rausch

Emil Belzner, Unsere Katze heißt Fanny. Aus: Glück mit Fanny. Ein Katzenbuch. Verlag Kurt Desch, München-Wien-Basel 1973.
Abdruck mit freundlicher Genehmigung von Judith Belzner
Photo: Rotraut Schnabbe

Photo: Royal Naval Museum 1939

Georg Kaiser aus: Es gibt nur eine Paula. In: Briefe. Herausgegeben von Gesa M. Valk. Propyläen-Verlag, Berlin 1980.
© Verlag Ullstein, Frankfurt am Main – Berlin – Wien
Photo: Tilo Rausch

Theodor Lessing, Kaninchen und Katze. Aus: Meine Tiere. Oesterheld & Co. Verlag, Berlin 1925. Abdruck mit freundlicher Genehmigung von Peter Gorny
Photo: Lorenz Kienzle

Leonardo da Vinci
Photo: Jan Styczynski

Günter Eichberger, Eine längst fällige Würdigung einer verdienten Persönlichkeit meines Lebens. In: Auf weichen Pfoten. Literarisches zum Thema Katzen. Hg. von Elfriede Ott. Verlag Styria, 1997. © Günter Eichberger
Photo: Heiko Neubert

Arno Schmidt aus: Trommler beim Zaren.
© 1966 Stahlberg Verlag GmbH Karlsruhe.
Alle Rechte vorbehalten © Suhrkamp Verlag, Frankfurt am Main
Photo: Cats over New York City © Tushita/Bettmans/Bloemertz

Emilio Cecchi aus: Katzenaugen. Aus: Goldfische. Eine Auswahl von Erzählungen und Essays aus dem Gesamtwerk. Übertragung und Nachwort von Frederico Hindermann. Manesse Verlag
Photo: Christoph Ley

Johann Wolfgang von Goethe aus: Dichtung und Wahrheit IV, 17
Photo: Olaf Plotz

Robert Crottet aus: Negri. Tagebuch einer Katze.
© by Nymphenburger Verlag in der F.A. Herbig Verlagsbuchhandlung GmbH, München
Photo: Annegret Schackmann

Peter Gethers, aus: Die Katze, die nach Paris reiste.
Aus dem Amerikanischen von Karin Polz.
© Originalausgabe 1991 by Peter Gethers
© Deutschsprachige Ausgabe 1993 by C. Bertelsmann Verlag GmbH, München 1993
Photo: Margret Genneper

Eugen Roth aus: Die Katze. In: Sämtliche Werke. Bd. 3: Verserzählungen. München/Wien: Hanser, 1977.
Abdruck mit freundlicher Genehmigung von Thomas Roth
Photo: Christoph Ley

Theodor Lessing, Kaninchen und Katze, aus: Meine Tiere. Oesterheld & Co. Verlag, Berlin 1925.
Abdruck mit freundlicher Genehmigung von Peter Gorny
Photo: Elsemarie Maletzke

Mark Twain
Photo: Tilo Rausch

Jules Fleury-Husson aus: Les Chats (1870)
Photo: Annegret Schackmann

© Claus Heinrich Meyer aus: Zwischen Zeit. Raubkatze in Moabit. In: Süddeutsche Zeitung Nr. 180, 06.08.1996
Photo: Mumie einer ägyptischen Katze (Britisches Museum).
© The Trustees of the British Museum, British Museum Press

Peter Gethers aus: Die Katze, die nach Paris reiste.
Aus dem Amerikanischen von Karin Polz.
© Originalausgabe 1991 by Peter Gethers
© Deutschsprachige Ausgabe 1993 by C. Bertelsmann Verlag GmbH, München
Photo: Photograph unbekannt (ca. 1930)

© Garrison Keillor
Photo: Jeanine Hacker

Peter Gan aus: Gesammelte Werke in drei Bänden. Hrsg. von Friedhelm Kemp. Wallstein Verlag Göttingen 1997, Bd. I
Abdruck mit freundlicher Genehmigung von Gesina Möring
Photo: Heiko Neubert

Caroline Marriage, Ist es wirklich Diddums? aus: Zistel, Liebe zu Katzen, erschienen in der Müller Rüschlikon Verlags AG, Cham
Photo: Peter Andreas

Erich Fried, Sie wird alt. Aus: Unverwundenes.
© Verlag Klaus Wagenbach, Berlin 1988
Zeichnung: Théophile Steinlein

Mascha Kaléko aus: Der Kater, ein Selbstgespräch. In: Papagei und Mamagei.
© arani Verlag, Berlin
Photo: Tilo Rausch

Natsume Soseki aus: Ich der Kater. Ü: Otto Putz.
© Insel Verlag Frankfurt am Main 1996
Photo: Evelyn Seeliger-Hild

© Karlheinz Dreyer, Dalhunden
Photo: Cornelia Conrad

© Uwe Kolbe: Luzie=Lied
Photo: Tilo Rausch

Eugen Skasa-Weiss, aus: Die Kunst zu schnurren.
Mit farbigen Photographien von Wolfgang Lauter.
© Schöffling & Co. Frankfurt am Main 1998
Photo: Tilo Rausch

Rupert Fawcett aus: Pure Fred.
© 1996 Rupert Fawcett, Headline Book Publishing, London

© James Mason
Photo: Rüdiger Poborsky

Natsume Soseki, Ich der Kater. Ü: Otto Pütz.
© Insel Verlag, Frankfurt am Main 1996
Photo: Charles Olroth

Johann Wolfgang von Goethe, Wahlverwandtschaften III, 15
Photo: Edith von Welser-Ude

Balthus, Mitsou. Vierzig Bilder von Balthus mit einem Vorwort von Rainer Maria Rilke. Hg. u. aus dem Französischen übersetzt von August Stahl.
Insel Verlag Frankfurt am Main und Leipzig 1995
Photo: Uwe Hedeler

Luis Sepúlveda, aus: Wie Kater Zorbas der kleinen Möwe das Fliegen beibrachte. Aus dem Spanischen von Willi Zurbrüggen.
Fischer Taschenbuch Verlag GmbH, Frankfurt am Main 1997
© Luis Sepúlveda 1996
Photo: Tilo Rausch

Alfred Polgar, Betsy jagt nach Sonnenflecken, aus: Idyll. In: Kleine Schriften. Copyright © 1983 by Rowohlt Verlag GmbH, Reinbek
Photo: Helmut Heimpel/Bavaria

© Elke Heidenreich
Photo: Heiko Neubert

Charlotte Link aus: Meine fünfzehn Wegwerfkatzen.
© 1985 by Autor und AVA – Autoren- und Verlags-Agentur GmbH, München-Breitbrunn
Photo: Tilo Rausch

Peter Gethers aus: Die Katze, die nach Paris reiste.
Aus dem Amerikanischen von Karin Polz.
© Originalausgabe 1991 by Peter Gethers
© Deutschsprachige Ausgabe 1993 by C. Bertelsmann Verlag GmbH, München
Photo: Unbekannter Photograph (1885)

Louis Camuti aus: Cat Quotations, © Exley Publication Ltd. 1992
Photo: Tilo Rausch

John Weitz aus: Cat Quotations, © Exley Publication Ltd. 1992
Photo: Heiko Neubert

Katherine Mansfield aus: Tagebuch.
© 1975 Deutsche Verlags-Anstalt GmbH, Stuttgart
Photo: E. Lindner

Werner Koch aus: See-Leben I
© Suhrkamp Verlag Frankfurt am Main 1973
Photo: Dianora Niccolini

Robert Crottet aus: Negri. Tagebuch einer Katze.
© by Nymphenburger Verlag in der F.A. Herbig Verlagsbuchhandlung GmbH, München
Photo: Heiko Neubert

Volksmund
Photo: Lorenz Kienzle

Günter Eichberger in: DIE ZEIT Nr. 39 vom 19. September 1997
Photo: Edith von Welser-Ude

Rudyard Kipling, Die Katze, die für sich allein ging.
Aus: Das kommt davon. © o.J. Paul List Verlag GmbH München/Leipzig
Photo: Peter Andreas

Christian Morgenstern, Der Kater. aus: Alle Galgenlieder.
Insel Verlag, Frankfurt/Leipzig 1996
Photo: Heiko Neubert

© Eva Demski, Mozzarellas Vorschläge
Photo: © Belga 1990

Mark Twain
Photo: John Drysdale

Victor Auburtin, aus: Herr Brie. Geschichten von Katzen und anderen.
© 1998 by Das Arsenal Berlin
Photo: Marianne Sock

Eugen Skasa-Weiß aus: Die Kunst zu schnurren.
Mit farbigen Photographien von Wolfgang Lauter.
© Schöffling & Co., Frankfurt am Main 1998
Photos: Evelyn Zegenhagen

Marlen Haushofer aus: Die Wand;
Claassen Verlag, Hamburg/Düsseldorf 1968 (jetzt München)
Photo: Christoph Ley

Ernst Penzoldt, Katharina die Schöne, aus: Die Kunst, das Leben zu lieben und andere Betrachtungen. Ausgewählt von Volker Michels.
Suhrkamp Verlag, Frankfurt am Main 1975
Photo: Volker Kemlein

Edward Topsell, The History of Four-Footed Beasts. 1607
Abbildung: Rudyard Kipling 1902

Martha Grimes aus: Inspektor Jury gerät unter Verdacht. Ü: Sigrid Ruschmeier. Copyright © 1995 by Rowohlt Verlag GmbH, Reinbek
Photo: Tilo Rausch

Hedwig Courths-Mahler
Photo: Michael Rempe

Werner Fuld aus: Von Katzen und anderen Menschen.
Mit Illustrationen von Gottfried Müller, Schöffling & Co., Frankfurt am Main 1999
Zeichnung: Gottfried Müller

Joachim Du Bellay, Epitaph einer Katze. Ü. von Jürgen Link.
Photo: Uwe Hedeler

Eugen Skasa-Weiss aus: Die Kunst zu schnurren.
Mit farbigen Photographien von Wolfgang Lauter.
© Schöffling & Co., Frankfurt am Main 1998
Photo: Dirk Brandl / Volker Schrader aus: Miau. Kater Karlos Wanderjahre. © by Mahnert-Lueg Verlag

Peter Gethers, aus: Die Katze, die nach Paris reiste.
Aus dem Amerikanischen von Karin Polz.
© Originalausgabe 1991 by Peter Gethers
© Deutschsprachige Ausgabe 1993 by C. Bertelsmann Verlag GmbH, München
Photo: Rosemarie Zastrow

© Claus Heinrich Meyer aus: Zwischen Zeit, Raubkatze in Moabit.
In: Süddeutsche Zeitung Nr. 180, 06.08.1996
Photo: Uwe Schott

Colette aus: Chats, Paris 1936
Photo: © Voller Ernst. Syndic. International

Werner Koch aus: See-Leben I.
© Suhrkamp Verlag Frankfurt am Main 1973
Photo: Olaf Plotz

Photo: Wolfgang Lauter

Wir danken allen Autoren, Photographen, Verlagen und Nachlassverwaltern für die freundliche Genehmigung zum Abdruck. In einigen Fällen ist es uns trotz intensiver Nachforschungen nicht gelungen, die heutigen Rechteinhaber zu ermitteln.
Wir bitten diese, sich mit dem Verlag in Verbindung zu setzen.